Nochebuena en la comisaría

Otras obras del autor en español

¡Bienvenidos a bordo!, ¿Hay algún autor en la sala?, ¿Hay algún critico en la sala?, 13 y Martes, A corazón abierto, Amores a Ciegas, Apenas un instante antes del fin del mundo, Aviso de paso, Bar Manolo, Batas blancas y humor negro, Bien está lo que mal empieza, Breves del Tiempo Perdido, Cama y Desayuno, Cara o Cruz, Como un pez en el aire, Como una película de Navidad, Crash Zone, Crisis y Castigo, Cuarentena, Cuatro Estrellas, Cuidado frágil, Dedicatoria especial, Denominación de Origen no Controlada, Después de nosotros el diluvio, El cuco, El infierno son los vecinos, El Joker, El olor del dinero, El pueblo más cutre de España, El Rey de los Idiotas, El Último Cartucho, El yerno ideal, Ella y El, Monólogo Interactivo, Encuentro en el andén, Error de la funeraria a tu favor, Escenas callejeras, EuroStar, Flagrante delirio, Foto de Familia, Gay Friendly, Había una vez un barco chiquitito, Jaque Mate, La función no está cancelada, La ventana de enfrente, Los Náufragos del Costa Mucho, Memorias de una maleta, Milagro en el Convento de Santa María-Juana, Muertos de la Risa, Ni siquiera muerto, Nochebuena en la comisaría, Nochevieja en la morgue, Plagio, Por debajo de la mesa, Prehistorias grotescas, Preliminares, Pronóstico Reservado, Regreso a la escena, Sin flores ni coronas, Strip Póker, Un ataúd para dos, Un breve instante de eternidad, Un matrimonio de cada dos, Un pequeño asesinato sin consecuencias, Un pequeño paso para una mujer, un salto hacia atrás para la Humanidad, Una noche infernal, Zona de turbulencias.

JEAN-PIERRE MARTINEZ

Nochebuena en la comisaría

La Comédiathèque
comediatheque.net

PERSONAJES

Comisario

Policía 1

Policía 2

Policía 3

Jefe de gabinete

El delator

El mitómano

El Paranoico

El vagabundo

El travesti

De 6 a 10 actores o actrices.

Todos los roles pueden ser interpretados tanto por hombres como por mujeres. Los últimos cinco roles pueden ser interpretados por una o varias personas.

© La Comédiathèque
ISBN 978-2-38602-155-8

Una oficina lúgubre en una comisaría anticuada, por las afueras de París. En un rincón, un árbol de Navidad patético destinado a dar un toque de alegría en este ambiente de mala serie de televisión. Dos policías desaliñados, cada uno con un arma en su funda, terminan una partida de póker sobre un escritorio. El primero tira sus cartas.

Policía 1 (*confiado*) – Par de reinas.

Policía 2 – Par de reyes.

Policía 1 – Mierda...

Se quita el cinturón y se lo entrega al otro.

Policía 1 – Me retiro... No voy a jugar mi pantalón, ¿verdad?

Policía 2 – Tienes razón... Si el jefe llegara y te encontrara en calzoncillos, podría causar confusión...

Guardan las cartas.

Policía 1 – ¿Qué hora es?

Policía 2 – Ya me lo preguntaste hace cinco minutos. Eran las diez menos cinco.

Policía 1 – ¿Y ahora qué hora es?

Policía 2 (*señalando su frente*) – No dice "reloj hablador" aquí.

Policía 1 – Te di mi reloj, al menos puedes decirme la hora.

Policía 2 – Me lo gané honestamente. Con un trío de ases.

Policía 1 – Honestamente, eso está por verse... Además, ¿para qué te sirve tener un reloj en cada muñeca?

Molesto, el otro se quita uno de los relojes de su muñeca.

Policía 2 – Me das lástima... (*Lanza el reloj.*) Toma, ahí tienes tu cacharro...

El primero no logra atrapar el reloj, que cae al suelo. Lo recoge y lo acerca a su oído.

Policía 1 – Ahí está, ahora ya no funciona.

Policía 2 – ¿Hora de la muerte?

Policía 1 (*mirando el reloj*) – Diez en punto.

Policía 2 – Bueno, ahora ya sabes qué hora es...

Un momento.

Policía 1 – Está tranquilo, ¿no?

Policía 2 – Siempre está tranquilo en esta época del año...

Policía 1 – La tregua navideña, como dicen.

Policía 2 – Incluso los asesinos en serie respetan las tradiciones... Deben estar cortando el pavo... o la pava.

Policía 1 – ¿Por qué tuvo que caer en nosotros este año otra vez?

Policía 2 – Lo decidimos al azar con los compañeros. Pero tienes razón, es sospechoso. Llevamos tres años seguidos de guardia en Nochebuena...

Policía 1 – ¿Crees que hicieron trampa?

Policía 2 – El próximo año lo decidiremos jugando al póker.

Policía 1 – ¿Cómo se hace trampa al azar?

Policía 2 – Consuélate pensando que en este momento podrías estar abriendo ostras para tus suegros.

Policía 1 – Es cierto que no me gustan mucho las ostras.

Policía 2 – ¡A nadie le gustan! Y además, una ostra es muy peligrosa...

Policía 1 – Nunca hemos oído que alguien denuncie haber sido atacado por una ostra.

Policía 2 – Según las estadísticas del Ministerio del Interior, muchos más policías se lesionan abriendo ostras que limpiando sus armas de servicio.

Policía 1 – ¿En serio?

Policía 2 – En Navidad, todo el mundo se aburre... Por eso la gente se ve obligada a quedarse en casa abriendo ostras poniendo en peligro sus vidas. Aunque no les guste, ni a ellos ni a sus invitados.

Policía 1 – Tienes razón, aquí estamos más tranquilos.

Policía 2 – De todos modos, no tenemos opción. Estamos de guardia hasta las ocho de la mañana.

Policía 1 – Alguien tiene que sacrificarse para cuidar de la gente honrada que se emborracha en familia.

Policía 2 – Somos superhéroes, amigo, hay que asumirlo.

Policía 1 – Aunque nadie reconozca el valor de nuestro sacrificio.

Policía 2 – Los soldados en los teatros de operaciones exteriores, cada año en Navidad reciben la visita del presidente de la República en helicóptero, con champagne, foie gras y strippers en su bolsa de regalos.

Policía 1 – ¿Foie gras, crees?

Policía 2 – Nosotros, los soldados del interior, ni siquiera recibimos la visita del Señor Prefecto y su esposa con una botella de vino espumoso.

Policía 1 – Sin embargo, en Nochebuena, seguramente hay más coches ardiendo aquí que en Bagdad o Kabul.

Policía 2 – Aunque seamos policías, seguimos siendo humanos... También nosotros, en la noche de Nochebuena, estamos deprimidos.

Policía 1 – Incluso tenemos un montón de cucarachas. (*Se quita el zapato y aplasta algo con él.*) No sabemos cómo deshacernos de ellas...

Un tercer policía llega (hombre o mujer, con estilo afeminado).

Policía 3 – Tienen visita...

Policía 1 – ¿Visita?

Policía 3 – Incluso los prisioneros tienen derecho a visitas en la noche de Navidad. Y creo que este año también recibirán su pequeño regalo...

Un hombre entra siguiendo al Policía 3. Tiene una botella en la mano.

Policía 1 – Oh, mierda, no él...

Policía 2 – Buenas noches, Señor Garriga, ¿cómo está usted?

Delator – Buenas noches, buenas noches... Pasaba rápidamente a desearles una feliz Navidad. Espero no molestarlos.

Policía 1 – Pero usted nunca nos molesta, Señor Garriga.

Policía 1 – Precisamente estábamos hablando de usted... Bueno, estábamos hablando de las cucarachas en general...

Policía 2 – Afortunadamente, existen ciudadanos vigilantes como usted para ayudar a la policía en su noble misión.

Policía 3 – Si hubiera más personas como el Señor Garriga, seguro que el municipio ni siquiera necesitaría invertir en videovigilancia.

Policía 2 – Entonces, Señor Garriga, ¿a quién viene a denunciar hoy? ¿Un presunto polígamo? ¿Un defraudador de prestaciones familiares? ¿Un huérfano sin papeles?

Delator – Es solo una visita de cortesía. Vengo como vecino para rendir homenaje al compromiso de las fuerzas del orden, de las cuales ustedes son el brazo armado.

Policía 1 – Pero veo que no ha venido con las manos vacías...

Delator – Sé lo que es pasar la Navidad solo lejos de mi familia, ellos ya no quieren verme. Así que si puedo brindar un poco de consuelo a los soldados que protegen nuestro país de los peligros que lo amenazan desde el interior. Tomen, ya me contarán...

Coloca su botella sobre un escritorio.

Policía 1 – Oh, pero dígame, parece que es de fabricación casera. Está escrito a mano, como en los frascos de mermelada de mi abuela.

Policía 2 (*leyendo por encima de su hombro*) – Licor de castañas...

Policía 3 – No sabía que se podía hacer alcohol con castañas...

Delator – Se puede hacer alcohol con cualquier cosa, ¿sabe? Durante la guerra, mi abuelo incluso lo hacía con cáscaras de patata y viejas suelas de cuero.

Policía 3 – Ah, sí, 53 grados, nada menos... No debe estar mal... Al menos como antiséptico.

Delator – Mi abuelo me dejó algunas botellas como herencia antes de ser fusilado en la Liberación. Cuando esto fue destilado, ni siquiera habían nacido ustedes todavía...

Policía 2 – Usted sabe que está estrictamente prohibido fabricar alcohol en casa, Señor Garriga. Podríamos detenerlo por infracción a la legislación sobre vinos y licores...

Garriga parece preocupado.

Policía 3 – Mi colega está bromeando, obviamente...

Policía 1 – Además, ¿no hay prescripción, verdad? Lamentablemente, no podremos brindar con usted. Ya sabe cómo es – ¡nunca durante el servicio!

Delator – Entonces lo beberán por mi salud en Año Nuevo, si no están de guardia otra vez... Bueno, me voy... Deben tener un montón de personas a las que encarcelar...

Policía 3 – Es cierto que en las vísperas de Año Nuevo, aquí es como en el teatro. A menudo estamos completos. ¿Lo acompaño, Señor Garriga?

Delator – Conozco el camino, pero bueno...

Policía 2 – Está casi en casa, ¿verdad?

Policía 1 – ¡Y gracias de nuevo por la botella!

Garriga está a punto de darse la vuelta, pero cambia de opinión.

Delator – Aprovecho para informarles que mi vecino de enfrente aún no ha comprado su alcoholímetro, como lo exige la ley desde hace algunos meses. ¿Quieren el número de matrícula de su coche?

Policía 2 – Estamos un poco ocupados durante esta temporada festiva. Y con falta de personal. Pero vuelva a vernos a principios del año que viene...

Delator – No lo olvidaré. Y que tengan una buena noche...

El hombre se va, seguido por el Policía 3.

Policía 1 – Y luego dicen que la gente no quiere a la policía...

Policía 2 – Es cierto, siempre nos quejamos de no ser queridos, y sin embargo... No podemos evitar encontrar un poco sospechoso amar tanto a la policía.

Policía 1 – Hicimos bien en no brindar con él, habría sido capaz de denunciarnos a los superiores por beber durante el servicio.

Destapan la botella mientras el otro saca dos vasos y los llena al instante. Brindan.

Policía 1 – Bueno... feliz Navidad, entonces.

Policía 2 – Así es, feliz Navidad para ti también.

Vacían sus vasos de un solo trago.

Policía 1 – Ah, sí, definitivamente...

Policía 2 – 53 grados.

Policía 1 – Eso despeja.

Policía 2 – Tendremos que preguntarle la composición exacta.

Policía 1 – Sí, no solo es de ciruela.

Policía 2 – Dijo que era de castaña... (*Pausa*) Me pregunto si el abuelo no le añadía un poco de destapacañerías para realzar el sabor de la fruta.

Policía 1 – ¿Te das cuenta de que esta bebida es más antigua que nosotros?

Policía 2 – El abuelo probablemente la fabricaba en su sótano durante el toque de queda con lo que tuviera a mano.

Policía 1 – Su forma de resistir al ocupante.

Policía 2 – Venga, sírvanos otra ronda.

El otro vuelve a llenar los dos vasos, que vuelven a vaciar de un solo trago.

Policía 1 – No sé si lleva destapacañerías, pero es cierto que despeja las tuberías.

El Policía 3 regresa. Los dos policías esconden apresuradamente la botella y los vasos. El Policía 3 arrastra a un vagabundo borracho detrás de él.

Policía 3 – Lo encontramos mostrando sus nalgas justo enfrente de la comisaría.

Policía 1 – Como si no hubiéramos visto suficientes horrores como esos durante la guerra.

Vagabundo – ¡Abajo la policía!

Policía 2 – Abajo la policía... Un poco anticuado como expresión, compañero, ¿no?

Policía 3 – Es cierto que como insulto, no es muy original. Ni siquiera parece creerlo él mismo.

Policía 2 – ¿Que vamos a hacer con él?

Policía 1 – Hay que respetar a los ancianos, digo yo.

Policía 2 – Además, alguien que odia tanto a los policías no puede ser completamente malo. Propongo que lo amnistiamos. Es Navidad, después de todo...

Policía 1 – Sí... Y no sé si es completamente malo, pero lo que es seguro es que huele muy mal...

Policía 3 – Es cierto... Lo vuelvo a echar a la calle enseguida.

Vagabundo – ¡Insulto a un agente! ¡No tienen derecho a soltarme! ¡Conozco mis derechos!

Policía 1 – Otro que no quiere pasar la Nochebuena congelándose afuera.

Policía 2 (*al Policía 3*) – Vamos, intenta encontrarle una celda individual... No quiero que los demás nos acusen de querer gasearlos...

Vagabundo – Gracias, señores... Dios se los recompensará...

El Policía 3 se lleva al vagabundo, pero el Policía 1 lo interpela.

Policía 1 – Espera un minuto... Dame tu cinturón...

Vagabundo – ¿Para qué?

Policía 1 – Estás bajo custodia, es el reglamento. En caso de que se te ocurra colgarte con él.

El vagabundo, a regañadientes, entrega su cinturón al policía.

Vagabundo – ¿También quieren mis cordones?

Policía 1 – Gracias, eso está bien.

El Policía 3 se lo lleva. El Policía 1, que ya no tiene cinturón, se pone el del vagabundo.

Policía 1 – Al menos, recuperé un cinturón.

Saca nuevamente la botella y los vasos, y vuelven a beber.

Policía 1 – Es curioso, me viene a la mente un viejo recuerdo, no sé por qué...

Policía 2 – No te sientas obligado a contármelo.

Policía 1 – Debía tener cinco años... Mi padre tenía una tienda de juguetes... Se llamaba "El Paraíso de los Niños"...

Policía 2 – Uf... Temía que me contaras tu infancia infeliz...

Policía 1 – Desafortunadamente, mi padre era muy tacaño.

Policía 2 – Ah...

Policía 1 – En Nochebuena, mi madre me regaló un enorme osito de peluche que estaba en el escaparate de la tienda...

Policía 2 – Algo me dice que esta historia no va a terminar bien...

Policía 1 – Cuando mi padre vio eso, se enfureció. Le dio una paliza a mi madre, me arrancó el peluche de las manos y lo volvió a poner en el escaparate...

Policía 2 – Hun, hun...

Policía 1 – Me pregunto si no es por eso que desde entonces, la Navidad me deprime.

Policía 2 – Bueno, ves, acabas de ahorrar diez años de psicoanálisis. Y yo no te cobré nada por escuchar tus tonterías, excepto lo que te quité en el póker...

Silencio incómodo. El Policía 1 parece bastante deprimido.

Policía 2 – Me pregunto si no debería confiscarte también ese cinturón. No vayas a colgarte con él en el perchero en cuanto dé la espalda, ¿verdad?

El Policía 3 vuelve con una prostituta de género ambiguo (mujer algo masculina o hombre travestido).

Policía 1 – ¿Qué es esto?

Policía 3 – Tanto vale preguntarse sobre el sexo de los ángeles

Policía 1 – ¿Que significa eso?

Policía 2 – Significa que no sabemos si la tiene o no.

Travesti – ¿Quieren comprobarlo?

Policía 1 – Ante la duda, le diremos señora.

Travesti – Prefiero señorita.

Policía 1 – ¿Y bien? ¿Qué trae a la señorita por aquí?

Policía 3 – Estaba ejerciendo la prostitución frente a una sinagoga.

Policía 1 – No respetan nada, ¿verdad?

Policía 2 – Quién sabe, tal vez ni siquiera esté circuncidada.

Travesti – ¿Y qué pasa? ¿Prefieren que busque clientes afuera de la misa de medianoche?

Policía 3 – ¿Qué hacemos? No podemos arrestarla por antisemitismo.

Travesti – ¿Saben lo que respondió la actriz Arletty cuando quisieron raparla en la Liberación por haber tenido un romance con un oficial alemán?

Policía 2 – Me gustaría que nos lo recordara.

Policía 3 (*respondiendo en su lugar*) – Mi corazón es francés, mi trasero es internacional.

Travesti – Bueno, mi trasero es ecuménico.

Policía 1 – ¿Ecuménico...?

Policía 2 – Olvídalo, seguro que es una grosería.

Policía 1 – Bueno, entonces la dejaremos libre después de la misa de medianoche.

Travesti – ¿Y bajo qué motivo me están arrestando?

Policía 2 – ¿Trastorno del orden bíblico, te parece?

Policía 1 – Vamos, coloca a la señorita en la suite real y asegúrate de que no le falte nada.

Travesti – Lo lamentarán, se lo garantizo. No saben con quién están hablando. Tengo contactos, ¿saben? Y no solo con ministros del culto.

Policía 2 – Si llega a tener relaciones con el ministro del Interior, podría mencionarle mientras esté en la cama que estamos escasos de personal, ¿no?

Travesti – ¡Malditos hijos de puta!

Policía 1 – Eso, también le deseo a usted una feliz Navidad. (*El Policía 3 se lleva a la prostituta.*) Es increíble lo vulgares que pueden ser las putas en estos días.

Policía 2 – Da la impresión de que sus padres no les enseñaron nada.

Los dos policías siguen bebiendo.

Policía 1 – Es curioso, pero ahora me viene a la mente otra cosa de repente...

El otro, preocupado, mira la etiqueta de la botella.

Policía 2 – Joder, ¿qué demonios nos ha dado este licor? ¿Un suero de la verdad? Me pregunto si no sería mejor que dejaras de beberlo...

Policía 1 – También fue en Navidad, pero esta vez tendría unos diez años. Mi padre acababa de morir, en circunstancias bastante oscuras, por cierto...

Policía 2 – Oh no, ahora soy yo el que va a colgarse...

Policía 1 – Todavía creía en Papá Noel, y mi madre me dijo que vendría alrededor de la medianoche. Así que lo esperé, para verlo...

Policía 2 – Y, por supuesto, nunca lo viste.

Policía 1 – Sí... Alrededor de la medianoche me despierto. Me levanto para ver lo que Papá Noel me ha traído, y ahí es cuando lo vi... en la cama de mi madre.

Policía 2 – Y luego te preguntas por qué no te gustan las ostras...

Policía 1 – Volví a acostarme... Pero creo que ese día, si hubiera tenido una pistola como la de ahora, habría matado a Papá Noel. De hecho, creo que fue por eso que me convertí en policía, para tener una grande.

Policía 2 – ¿Una grande qué?

Policía 1 – ¡Una gran pistola! ¡Para matar a Papá Noel!

Policía 2 – Creo que al final sería mejor que fueras a terapia. Incluso si te cuesta la mitad de tu sueldo.

El comisario llega. Los dos policías, un poco desaliñados, adoptan una postura más correcta, pero no tienen tiempo de esconder la botella.

Policía 1 – Comisario...

Comisario – Veo que han empezado a celebrar la Navidad.

Policía 2 – Un regalo de uno de nuestros informantes, comisario.

Policía 1 – No pudimos negarnos a brindar con él, habría sido grosero...

Comisario – Por supuesto... ¿Y qué tenemos?

Policía 1 – Oh, como cada año, ya sabe... Unos náufragos de la víspera... Un vagabundo, una prostituta, un exhibicionista, un voyeur...

Comisario – Solo faltan el buey y el asno, y tendrán suficiente para hacer un belén viviente.

Policía 2 – Sí... Estamos esperando a los Reyes Magos...

Comisario – Mientras tanto, pongan al exhibicionista y al voyeur en la misma celda. Al menos esos dos tendrán una feliz Navidad. ¿Algo más?

El Policía 3 llega con otra persona.

Policía 3 – Creo que esto le interesará, comisario... Este señor vino aquí por voluntad propia para hacer confesiones espontáneas y entregarse como prisionero.

Comisario – Vaya... Saben que en la policía no nos gustan mucho las confesiones espontáneas, arruina el trabajo. Y ya que el ministerio solo reemplaza a la mitad de los policías... Bueno, buen hombre, ¿qué lo trae por aquí? ¿Apuñaló a su pareja con el cuchillo de trinchar porque el asado estaba demasiado cocido? No se ría, eso sucedió el año pasado.

Mitómano – No, no exactamente.

Comisario – ¿Simplemente agresiones y lesiones, entonces? Parece que para algunos, golpear a su pava para ablandarla antes de rellenarla también es una tradición navideña...

Mitómano – La razón de mi presencia aquí es mucho más importante, comisario.

Comisario – Lo escucho...

Mitómano – Asesiné a Kennedy.

Momento de estupefacción.

Policía 3 – Le dije que esto podría interesarle...

Comisario – Y ya que está en ello, ¿está seguro de que no asesinó al Papa también?

Mitómano – Sabía que no me creerían...

Policía 3 – Al mismo tiempo, es cierto que es una historia bastante oscura que nunca se ha resuelto completamente.

Comisario – Oye, Sherlock Holmes, si no logro resolver este enigma por mí mismo, le pediré su opinión, ¿de acuerdo?

Policía 3 – Por supuesto, comisario...

Comisario – Bien, esto es lo que haremos. Estos caballeros le darán un lápiz y papel, usted va a escribir sus confesiones completas, y lo estudiaremos mañana por la mañana con la cabeza despejada, ¿de acuerdo?

Mitómano – Muy bien. Gracias por escucharme atentamente, comisario...

El Policía 1 le da al mitómano un bloc de notas y un bolígrafo.

Comisario (*al Policía 3*) – ¿Lo acompaña hasta su celda?

Mitómano – Si no es abusar, ¿podría tener café? Esto puede llevar bastante tiempo...

Los demás levantan los ojos al cielo.

Policía 3 – ¿Cuántos terrones de azúcar?

El Policía 3 se va llevándose al mitómano.

Comisario – Les digo que en cualquier momento veremos aparecer al asesino de John Lennon... Otro que no sabía dónde pasar la Nochebuena...

Policía 2 – Es increíble lo cruel que puede ser el período festivo para las personas solas.

Policía 1 – Al mismo tiempo, no somos los Cruz Roja. No podemos permitir que llegue demasiada gente sin reserva, si no tendremos que rechazar a algunos...

Comisario – Bueno, venga, no es que me aburra, pero... tengo una familia, ¿saben? Les dejo las llaves de la tienda, ¿de acuerdo?

Policía 1 – Pueden contar con nosotros, comisario...

Comisario – De todos modos, estaré disponible en mi teléfono móvil en caso de emergencia. Ah, por cierto, olvidé mencionarlo... Hay muy pocas posibilidades de que les toque a ustedes, pero bueno...

Policía 1 – Oh, ya saben, los últimos tres años nos tocó a nosotros, así que...

Comisario – No, me refería a... Como saben, este año, el recién nombrado Ministro del Interior decidió innovar. Visitará de forma inesperada una comisaría seleccionada al azar para saludar la dedicación de la policía.

Policía 1 – Vaya...

Comisario – El truco del ministro que saluda a sus tropas en la víspera de Año Nuevo. Un clásico de la Defensa Nacional que nuestro nuevo Ministro del Interior desea imitar visitando personalmente la comisaría de un barrio conflictivo.

Policía 2 – Pero seríamos muy sensibles a ese honor, comisario...

Comisario – Bueno, de todos modos, mantengan una apariencia más o menos decente, nunca se sabe... Y no se excedan demasiado con la botella.

Policía 2 – Vamos, comisario, ¡brindemos juntos antes de que se vaya! Después de todo, es Navidad...

Comisario – Bueno, solo una copa entonces...

El Policía 1 llena tres vasos. El comisario mira la etiqueta de la botella.

Comisario – Dios mío... ¿Y esto qué es?

Policía 1 – Una especialidad regional.

Comisario – ¿De qué región?

Policía 2 – De los suburbios de París, creo. Verá, es muy particular...

El comisario bebe y hace una mueca.

Comisario – Ah, sí, vaya...

Policía 1 – 53 grados.

Comisario – No les recomendaría fumar después de beber esto...

Todos toman otro sorbo.

Policía 1 – Es curioso, me recuerda algo...

Comisario (*interrumpiendo*) – Bueno, ya me lo contará en otra ocasión. De verdad que debo irme, ya estoy retrasado...

Policía 2 – Y entonces, comisario, ¿no se disfraza de Papá Noel este año para traernos nuestros regalos debajo del árbol?

Comisario – Si han sido muy buenos... Bueno, mucha suerte esta noche...

Policía 1 – ¡Feliz Navidad, comisario!

El comisario se va, cruzándose con el Policía 3 que regresa, empujando a alguien bastante excitado frente a él.

Policía 1 – ¿Qué es esto ahora?

Policía 3 – Nada grave, tranquilos. Pero parece que el fin del mundo será el 31 de diciembre. El señor aquí presente les explicará todo.

Paranoico – Intentaré ser breve, porque el tiempo se nos acaba. Soy astrónomo aficionado.

Policía 2 – Ahí vamos...

Paranoico – Desde hace algunas semanas, he detectado en mi telescopio un objeto celeste acercándose a nuestro planeta a la velocidad de la luz.

Policía 2 – Mmm...

Paranoico – Según mis cálculos, colisionará con la Tierra exactamente el 31 de diciembre a medianoche, en Marseille.

Policía 2 – ¿Y qué tiene que ver eso con la policía?

Policía 1 – ¿No caen meteoritos en la Tierra con frecuencia?

Policía 3 – Ahí es donde se complica, si me permiten. Según el señor, este meteorito es del tamaño de Córcega.

Paranoico – Y lo más curioso es que este meteorito tiene exactamente la forma de Córcega.

Policía 2 – ¿En serio?

Paranoico – Por supuesto, el gobierno y los medios de comunicación lo saben, pero prefirieron mantener esa información en secreto.

Policía 2 – Nos ocultan todo, es increíble…

Policía 1 – Al mismo tiempo, Córcega no es tan grande… Y Marseille, entre nosotros… No es el fin del mundo, después de todo…

Paranoico – ¡Está bromeando! Un meteorito de ese tamaño lanzado a la velocidad de la luz liberará al colisionar con la Tierra una energía equivalente a varios millones de bombas atómicas.

Policía 1 – ¡Ah, sí, en serio…

Policía 2 – Lástima que no caiga el 14 de julio, habría sido un hermoso espectáculo de fuegos artificiales…

Paranoico – Nuestro planeta literalmente se derretirá por el impacto, y luego vendrá el invierno nuclear durante millones de años. ¡Todos seremos exterminados! Como los dinosaurios. En el mejor de los casos, solo quedarán unos pocos insectos.

Policía 2 – Maldición… Ni siquiera nos libraremos de las cucarachas.

Policía 1 – Es verdad que son resistentes, esos bichos. Nosotros lo intentamos todo para deshacernos de ellos…

Policía 2 (*al Policía 3*) – Bueno… ¿Y por qué nos lo trajiste, Nostradamus, exactamente? ¿Quiere presentar una denuncia contra Dios o algo así?

Policía 3 – Intento de suicidio.

Policía 2 – ¿Perdón?

Policía 3 – Este tipo se lanzó al Sena desde el puente de l'Alma.

Policía 1 – ¿Para qué sirve suicidarse una semana antes del fin del mundo?

Policía 3 – Un último acto de libertad individual, supongo. Una forma de seguir siendo dueño de su destino, a pesar de la certeza de que todos moriremos algún día. ¿Han leído lo que Nietzsche escribió sobre el suicidio?

Policía 2 – ¿Y qué? ¿Todavía tenemos derecho a suicidarnos, verdad? ¡No es un delito!

Policía 3 – El problema es que un barco turístico pasaba justo debajo cuando el señor se lanzó desde el puente, y cayó sobre una turista estadounidense. Un poco rellenita, afortunadamente. Eso amortiguó el impacto para él, pero la yanqui está en mal estado. Así que, obviamente, presentó una denuncia.

Policía 1 – Seguro que ella creyó que el cielo le estaba cayendo en la cabeza.

Policía 2 – Vale, lo mantendrás en custodia hasta mañana y lo veremos más tarde con el comisario.

Paranoico – ¡Es el fin del mundo, les digo! Exactamente en una semana. ¡Es el momento de expiar sus pecados!

El Policía 3 se lleva al lunático.

Policía 2 – Córcega estrellándose sobre Marseille... Nunca había escuchado algo así...

Policía 1 – Bueno, lo que dice este tipo es totalmente posible... Ya ha sucedido y seguramente volverá a ocurrir, un meteorito colisionando con la Tierra. Entonces, ¿por qué el 31 de diciembre no sería el fin del mundo?

Policía 2 – De todos modos, te pronostico algo – el 31 de diciembre será el fin del año...

Policía 1 – ¿Qué harías tú si el fin del mundo fuera en una semana?

Policía 2 – No me quedaría aquí escuchando tus tonterías por un miserable salario, eso seguro... Ves, al final eso es lo que arruina nuestra vida...

Policía 1 – ¿Qué cosa?

Policía 2 – ¡El futuro! Desde que somos pequeños, nos enseñan a renunciar a todos nuestros sueños para asegurar nuestro futuro. Al final, este tipo tiene razón. Todos deberíamos vivir como si el fin del mundo fuera en una semana.

Policía 1 – Sí... Bueno, a él eso solo lo llevó a lanzarse desde un puente...

Policía 2 – ¡Sobre una estadounidense! A lo mejor le gustan las mujeres con curvas... A mí también, si creyera que el fin del mundo está cerca, seguramente me lanzaría sobre la primera chica que aparezca. Y si no, quizás incluso sobre ti...

El Policía 1 lo mira con preocupación y luego vuelve a llenar los vasos.

Policía 1 – ¿Por qué te hiciste policía?

Policía 2 – Cuando era pequeño, jugaba a los vaqueros y los indios, y yo hacía de indio. A medida que crecía, me dijeron que pensara en mi futuro... Así que me convertí en vaquero.

Policía 1 – Como resultado, nunca tuvimos la oportunidad de sacar nuestras armas de sus fundas, excepto en el entrenamiento.

Policía 2 – ¡Menos mal que disparas como un pato! Podrías haber herido a alguien...

Policía 1 – Yo disparo mejor que tú.

Policía 2 – ¿Me estás desafiando?

Policía 1 – ¿Quieres hacer blanco en las cucarachas para ver quién dispara mejor? Mira, veo una en la pared allí. Apuesto a que desde aquí le doy un tiro entre los ojos.

El Policía 1 quita el seguro de su arma y finge apuntar.

Policía 2 – Este idiota realmente lo haría. Vamos, guarda eso, vas a matar a alguien, te lo digo...

El otro finge disparar. Luego guarda su arma en el estuche.

Policía 1 (*levantando su vaso*) – ¡Por las cucarachas!

Policía 2 – Tienes razón. Después del fin del mundo, solo podremos contar con ellas para reconstruir la civilización.

Beben.

Policía 2 – Bueno, voy al baño a vaciar mi cargador. Es cierto que esto despeja bien las tuberías.

El Policía 2 se va. El Policía 1, borracho, se queda dormido en su silla, desplomándose gradualmente hasta caer al suelo. Un hombre disfrazado de Papá Noel llega con un saco. No ve a nadie en la habitación. El Policía 1, ebrio y somnoliento, se levanta detrás de su escritorio en un estado de confusión y lo ve.

Papá Noel – ¡Feliz Navidad!

Policía 1 – ¡Oh, mierda, Papá Noel! (*Saca su arma.*) ¡Desde hace tanto tiempo que quiero acabar contigo!

El otro levanta las manos, sorprendido.

Papá Noel – Pero...

Policía 1 – ¡Cierra la boca y no te muevas, ¿vale?! Ahora no te burlas tanto, ¿eh, Papá Noel? No sé qué me detiene para... (*Dispara accidentalmente.*) Mierda, olvidé poner el seguro de nuevo...

Papá Noel cae al suelo. En ese momento, el Policía 2 regresa del baño y ve a Papá Noel en el suelo.

Policía 2 – ¿Qué diablos está pasando aquí?

Policía 1 – Acabo de matar a Papá Noel...

Policía 2 – ¿En serio? ¡Pero si es una tragedia! Una noche del 24 de diciembre. ¿Te imaginas a todos los niños a los que vas a decepcionar?

Policía 1 – El disparo salió solo...

Policía 2 – Bueno, solo tienes que decirle eso al juez. Homicidio involuntario.

Policía 1 – ¿Crees que está muerto?

El Policía 2 se da cuenta de que el asunto es serio.

Policía 2 – ¿Realmente le disparaste? ¿Pero quién es este tipo?

Policía 1 – Te juro que no tengo ni idea. Apareció de repente así...

Policía 2 – Si tan solo fuera el verdadero Papá Noel, aún podríamos esperar encubrir el asunto.

Policía 1 – ¿Crees?

Policía 2 – Pero a tu edad, seguramente sabes que el verdadero Papá Noel no existe. La última vez que viste a un Papá Noel fue en la cama de tu madre...

Policía 1 – Mierda, entonces ¿quién puede ser...? ¡El comisario! Dijo que vendría vestido de Papá Noel para traernos nuestros regalos. Pensé que estaba bromeando...

El otro se inclina sobre el cuerpo.

Policía 2 – Bueno, le quitaremos la capucha, la barba y los bigotes y lo sabremos de inmediato...

Está a punto de hacerlo cuando el comisario regresa, aparentemente bajo presión.

Comisario – Estamos en apuros, chicos...

Policía 1 – No me digas...

Policía 2 – ¿Algún problema, comisario?

Comisario – ¡El ministro! ¡Acaban de anunciarnos su llegada!

Policía 1 – ¿Qué ministro?

Comisario – ¡El ministro del Interior! Ha elegido nuestro comisariato para su pequeña visita navideña.

Policía 2 – ¿En serio...?

Comisario – Preferiría estar pasando una tranquila Nochebuena en casa, pero bueno. Si logramos causar una buena impresión, es una oportunidad para obtener el personal adicional que hemos estado solicitando durante años.

Policía 1 – ¡Puede contar con nosotros, comisario!

El comisario ve al Papá Noel tendido en el suelo.

Comisario – ¿Qué es esto?

Policía 1 – Es decir...

Policía 2 – Un coma etílico, comisario... Lo encontramos frente a las Galerías Lafayette mientras mostraba su...

Comisario – No quiero saber más, no tengo tiempo. De todos modos, ¡sáquenlo de aquí de inmediato, entendido!

Policía 1 – No se preocupe, comisario, lo pondremos en una celda de desintoxicación...

Comisario – ¡Y guarden esa botella, maldita sea! El jefe de gabinete está estacionando el auto ministerial, pero me dijo que el ministro ya está en nuestras instalaciones. Incluso esperaba encontrarlo aquí. Voy a ver qué está haciendo ese idiota...

El comisario sale. Los demás miran al Papá Noel.

Policía 2 – Aparentemente, él tampoco es el comisario...

Policía 1 – ¿Entonces quién puede ser?

Policía 2 – Lo urgente es esconder el cuerpo antes de que el ministro llegue aquí. Porque un Papá Noel víctima de violencia policial en la víspera de Navidad, no estoy seguro de que eso contribuya a dar una buena impresión...

Policía 1 – Ya no tenemos ninguna celda individual... No podemos ponerlo con los demás, eso causaría rumores...

Policía 2 – De todos modos, no tenemos tiempo. Lo esconderemos detrás del escritorio por ahora. ¿Escuchaste al comisario? El ministro estará aquí en cualquier momento.

Los dos policías esconden rápidamente al Papá Noel detrás del escritorio. Llega el jefe de gabinete del ministro.

Jefe de gabinete – Buenas noches, caballeros, ¡y feliz Navidad!

Policía 1 – Señor ministro...

Jefe de gabinete – Solo soy su jefe de gabinete... Pero pensé que lo encontraría aquí. Estaba intentando estacionar el Twingo...

Policía 2 – El Twingo...

Jefe de gabinete – ¿Qué quieren? Los tiempos son de restricciones presupuestarias... Y lo peor es que tengo que conducirlo yo mismo... Es increíble lo difícil que es estacionar en su vecindario...

Policía 2 – Así que, a pesar de la crisis, los pobres aún tienen los medios para comprarse autos.

Jefe de gabinete – Y a menudo más lujosos que un Twingo, créanme... En fin, tuve que estacionar el mío en doble fila. Y con esta nieve...

Policía 1 – No se preocupe, si un colega le pone una multa, la anularemos.

Jefe de gabinete – ¡Ah, pero eso no está en discusión, están bromeando! Como saben, defendemos una república irreprochable.

Policía 2 – Por supuesto...

Jefe de gabinete – No entiendo... Debíamos encontrarnos aquí. Él vino en trineo...

Policía 1 – ¿En trineo?

Jefe de gabinete – Por supuesto, no pudimos conseguir renos, era demasiado caro. Los reemplazamos con perros policía... Entonces, ¿no lo han visto?

Policía 2 – ¿El trineo?

Jefe de gabinete – ¡El ministro! No podrían haberlo pasado por alto, está disfrazado de Papá Noel...

Policía 1 – ¡De Papá Noel!

Jefe de gabinete – Es un poco infantil, lo sé, pero es un gesto simbólico muy poderoso. Una forma de mostrar que para el ministro del Interior, todos los policías son sus hijos, y que sabrá recompensarlos. Siempre y cuando se porten bien, por supuesto. Entonces, ¿no lo han visto...?

Policía 2 – Tal vez esté en una oficina contigua...

Jefe de gabinete – Voy a verificarlo, gracias. Y por supuesto, volveremos a visitarlos más tarde.

Policía 2 – Muy bien...

Jefe de gabinete – Y no cambien nada por nosotros. Hagan exactamente como si no estuviéramos aquí, ¿de acuerdo?

El jefe de gabinete se va. Los policías están desanimados. Sus miradas se dirigen al lugar donde se esconde el Papá Noel.

Policía 1 – El ministro del Interior...

Policía 2 – Se avecinan cambios en el gobierno.

Policía 1 – Oh, mierda...

Policía 2 – Sí, como abuso policial, es difícil superarlo...

Policía 1 – ¿Qué vamos a hacer?

Policía 2 – Seguro encontraremos una solución...

Policía 1 – ¿Crees?

Policía 2 – No, solo lo dije para tranquilizarte.

Policía 1 – Mientras tanto, no podemos dejarlo aquí. El otro dijo que regresaba en cinco minutos...

Policía 2 – No tenemos opción, lo pondremos en una celda...

Sacan al Papá Noel de detrás del escritorio y comienzan a arrastrarlo. El Policía 3 regresa.

Policía 3 – ¿Necesitan una mano?

Policía 1 – Estaremos bien, gracias...

Policía 3 – ¿Qué le pasó?

Policía 2 – No sé... Algo que no pudo digerir...

Policía 3 – La temporada festiva es propicia para todos los excesos...

Policía 2 – Sí, y luego nos arrepentimos... ¿Verdad?

Policía 3 – Un Papá Noel, además... Qué ejemplo para los niños...

El Policía 3 se va.

Policía 2 – Ponlo con el mitómano.

Policía 1 – ¿Por qué?

Policía 2 – Si dice que vio el cadáver del ministro del Interior, nadie le creerá.

Policía 1 – Tienes razón, los mitómanos también tienen sus ventajas...

Policía 2 – Me quedaré aquí para entretener al jefe de gabinete.

Policía 1 sale arrastrando al Papá Noel por los pies. El jefe de gabinete regresa acompañado del comisario, quien intenta aparentar normalidad.

Comisario – No lo van a creer, pero hemos perdido al ministro... ¿No pasó por aquí?

Policía 2 – No vi nada...

Jefe de gabinete – Espero que no le haya pasado nada...

Comisario (*bromeando*) – ¿Qué puede pasarle a un ministro del Interior en una comisaría?

Jefe de gabinete – Tiene razón...

Comisario – Tal vez esté... donde el propio rey va solo. Aunque seamos ministros, tenemos las mismas necesidades que cualquier otro, ¿verdad?

Jefe de gabinete – Claro, por supuesto.

Comisario – Aun así, que el ministro esté en el baño y su jefe de gabinete no esté al tanto, admitirán...

Jefe de gabinete – Muy gracioso... El humor es importante... Especialmente cuando se tiene un trabajo como el suyo, supongo...

Comisario – Bueno, mientras tanto, le mostraré las instalaciones... Verá, desafortunadamente, están muy deterioradas. Necesitan ser renovadas, como dicen en los anuncios inmobiliarios cuando se refieren a una ruina... Si pudiera mencionárselo al ministro, cuando lo encontremos...

El comisario se va arrastrando al jefe de gabinete con él. El Policía 1 regresa.

Policía 2 – ¿Y bien?

Policía 1 – Le dije al mitómano que era el ministro del Interior disfrazado de Papá Noel y que le había disparado en el estómago.

Policía 2 – ¿Y te creyó?

Policía 1 – La ventaja de los mitómanos es que también son muy crédulos...

Policía 2 – Nos da un poco de respiro.

Policía 1 – Es cierto que una comisaría no es el primer lugar en el que la policía busca un cadáver escondido, pero bueno...

Policía 2 – Al mismo tiempo, no va a ser fácil sacar el cuerpo de aquí discretamente. Hay policías por todas partes... Así que imagina cuando la desaparición del ministro sea reportada oficialmente, lo cual no tardará... Tendremos a la Servicios Secretos y a las Fuerzas Especiales encima...

Policía 1 – Tienes razón, tenemos que encontrar una solución, y rápido...

Policía 2 – Si no podemos deshacernos del cuerpo, deberíamos encontrar una explicación natural para su muerte...

Policía 1 – Natural... con una bala en el estómago...

Policía 2 – En ese caso, ¡necesitamos encontrar a alguien que cargue con la culpa en tu lugar!

Policía 1 – Supongo que no te ofrecerás voluntario...

Policía 2 – ¡El mitómano!

Policía 1 – ¿Qué?

El teléfono móvil del Policía 2 suena.

Policía 2 – Ve a buscarlo, te explicaré.

Policía 1 – Voy...

Sale. El otro responde la llamada.

Policía 2 – Sí... Ah, hola mamá... Sí, lo sé, pero qué quieres que haga... Claro, preferiría estar contigo comiendo ostras, pero bueno... Aquí, ya sabes, es bastante tranquilo, ¿verdad? En la víspera de Navidad... Bueno, tengo que dejarte ahora, porque tengo un pequeño problema que resolver... No, no te preocupes, no es grave, te lo aseguro... De acuerdo, guárdenme un pedazo de tronco de Navidad, es amable de tu parte... Feliz Navidad también para ti, mamá...

El Policía 1 regresa con el mitómano.

Policía 2 – Entonces, amigo mío, ¿cómo van esas Memorias de Ultratumbas?

Mitómano – Bien, gracias... Pero apenas estoy al comienzo, ¿sabe? Así que si no le importa demasiado...

Policía 1 – Seguramente tiene cinco minutos, ¿verdad?

Mitómano – Bueno, pero solo cinco minutos entonces...

Policía 2 – Por favor, siéntese. ¿Le gustaría tomar algo? ¿Un licor de castañas? Es una especialidad de mi pueblo...

Mitómano – Gracias, no bebo...

Policía 2 – Entonces... Como le caemos bien, mi colega y yo, tenemos una pequeña propuesta que hacerle... Una propuesta muy interesante, ya verá...

El Policía 1 se pregunta claramente qué tiene en mente su colega.

Mitómano – Espero que no me estén hablando otra vez de prescripción...

Policía 2 – No, tranquilícese. Es justo lo contrario... Porque con Kennedy, la prescripción... Eso es lo que le espera, ¿es consciente de eso?

Policía 1 – Incluso con un buen abogado...

Mitómano – ¿A dónde quieren llegar...?

Policía 2 – ¿Le gustaría ser el asesino del ministro del Interior en su lugar? Acaba de ser nombrado...

Mitómano – Pero... él está muerto. Su cadáver está en mi celda...

Policía 2 – Sí... Pero fue un homicidio involuntario. Lo que nosotros le proponemos aquí es un asesinato. Uno real.

Mitómano – No puedo matarlo, porque ya está muerto.

Policía 2 – ¡Justo eso! Con el pequeño acuerdo que le ofrecemos, toda la gloria de haber atentado contra su vida recaería solo sobre usted...

Policía 1 – Y a nosotros, digamos que... también nos vendría bien.

Mitómano – Oh no, lo siento pero... eso no será posible.

Policía 2 – No es el Presidente de Estados Unidos, pero bueno... ¡Es un ministro!

Policía 1 – Además, por lo de Kennedy, ya van muchos candidatos...

El mitómano se levanta.

Mitómano – No, de verdad, me hubiera gustado ayudarles, pero...

Policía 2 – ¿Pero por qué, por Dios?

Mitómano – Porque no quiero mentir...

El Policía 3 pasa por allí.

Policía 3 – ¿Están al tanto? ¡Perdimos al ministro del Interior! Comienza a haber pánico, el comisario está fuera de sí...

Mitómano – ¿El ministro del Interior? Está conmigo en mi celda, y está muerto. Pero les juro que no tengo nada que ver con ese asesinato.

Policía 3 – Claro, valiente, y apuesto a que está disfrazado de Papá Noel...

Mitómano – Exactamente.

El Policía 3 levanta los ojos al cielo.

Policía 1 – Devuélvenos al señor a su celda.

El Policía 3 lleva al mitómano.

Policía 1 – Mierda... Tuvimos que encontrarnos con un mitómano que se niega a mentir...

Policía 2 – El inconveniente con los mitómanos es que están convencidos de que dicen la verdad...

Policía 1 – Bueno, está la prostituta, pero no veo cómo echarle la culpa.

Policía 2 – Aunque no me sorprendería que Papá Noel sea uno de sus clientes.

Policía 1 – Claro, ya se acostaba con mi madre...

Policía 2 – ¡Hablo del ministro!

Policía 1 – Ah, sí, perdón...

Reflexionan.

Policía 2 – ¡El vagabundo! Está durmiendo en su celda, completamente borracho...

Policía 1 – ¿Y qué?

Policía 2 – Sígueme, creo que tengo una idea...

Salen. El comisario y el jefe de gabinete llegan.

Comisario – No entiendo qué le pudo haber pasado...

Jefe de gabinete – Si no aparece en los próximos cinco minutos, tendré que informar al Presidente... Un ministro del Interior que desaparece en una comisaría no es algo insignificante. Permítame decirle que si algo le hubiera ocurrido, no sería muy bueno para su ascenso.

Comisario – Y dicen que estaba vestido de Papá Noel... Con una descripción tan precisa, no deberíamos tener problemas para encontrarlo...

Los dos policías llegan con Papá Noel, con la capucha baja sobre su rostro ya camuflado por la barba falsa.

Policía 1 – ¡Lo encontramos!

Comisario – ¡Aleluya!

Jefe de gabinete – ¿Pero qué le pasa? No parece estar en muy buena forma...

Policía 2 – Tengo la impresión de que aprovechó su recorrido por las comisarías para también hacer un recorrido por los bares...

Comisario – Pero ya vi a ese Papá Noel antes...

Policía 2 – Sí, hace un rato, de hecho... En realidad, fue solo un malentendido.

Policía 1 – Como llegó completamente borracho aquí...

Policía 2 – Y además disfrazado de Papá Noel...

Policía 1 – Lo tomamos por un vagabundo, así que lo pusimos en una celda de desintoxicación.

Jefe de gabinete – Es cierto que no huele precisamente a rosas... Estoy realmente confundido, esto no es para nada propio de él... De todos modos, gracias por haberse ocupado de ello. Y, por supuesto, cuento con su discreción en cuanto a este pequeño incidente...

Policía 2 – Puede estar tranquilo. Seremos mudos como tumbas...

Jefe de gabinete – Voy a llevarlo a casa y ponerlo en su cama, mañana estará mejor...

El jefe de gabinete intenta encargarse de Papá Noel.

Jefe de gabinete – ¿Me pueden ayudar a cargarlo en su trineo? Quiero decir, en mi Twingo. Pesa como un burro muerto...

Comisario – Mis hombres se encargarán de eso, no se preocupe.

Jefe de gabinete – Gracias, señores. Solo siéntenlo en el asiento trasero. Pero no olviden abrocharle el cinturón...

Los dos policías se llevan a Papá Noel. El comisario levanta la botella.

Comisario – Bueno, así termina todo bien. ¿Una pequeña copa para celebrarlo?

Jefe de gabinete – Bueno, solo un sorbo y luego me voy... Ah, qué noche, la recordaré...

Comisario – ¡Por usted!

Beben.

Jefe de gabinete – Oh, sí, definitivamente... Si eso es lo que bebió, entiendo por qué el ministro está en ese estado... De todos modos, gracias por todo, Comisario. En nombre del ministro, lo felicito por su dedicación y eficacia...

Comisario – Lamentablemente, estamos bajo de personal, pero...

Jefe de gabinete – En cuanto a los recursos humanos, no puedo prometer nada. Es una crisis, como bien saben. Pero el ministro sabrá recompensar su discreción sobre lo ocurrido aquí esta noche. Cuando recupere el juicio, le mencionaré algo sobre usted para una condecoración... Al menos eso no cuesta nada...

Comisario – La Legión de Honor, ¿en serio? Sería un regalo de Navidad muy bonito, en efecto...

Jefe de gabinete – Bueno, me tengo que ir...

Comisario – Yo le acompaño. También me están esperando...

Los dos policías regresan.

Policía 1 – Uf... Ahora que se han ido, estaremos un poco más tranquilos.

Policía 2 – ¿Qué hacemos con el cuerpo?

Policía 1 – Podemos tirarlo al Sena. Hay mucha gente que se ahoga en las noches de Año Nuevo.

Policía 2 – Pero no tantos ministros. Especialmente con una bala en el estómago.

Policía 1 – Cuando eres ministro del Interior, tienes muchos enemigos, obviamente...

Policía 2 – En fin... Seguramente tendrá un funeral nacional...

Policía 1 – En cualquier caso, pagaría mucho por ver la cara de la esposa del ministro cuando se despierte mañana por la mañana con un vagabundo en su cama...

El jefe de gabinete regresa.

Jefe de gabinete – ¡El tipo que pusieron en mi coche acaba de despertar! ¡No es para nada el ministro!

Policía 1 – No me digas...

Jefe de gabinete – Me sorprendió también. Es cierto que tiende a beber un poco, pero normalmente aguanta el alcohol mucho mejor... Este vomitó por todo el Twingo ministerial...

Policía 2 – No entiendo qué pasó...

Policía 1 – Debe ser un malentendido.

Jefe de gabinete – La buena noticia es que acabamos de encontrar al ministro.

Policía 1 – ¿En serio...?

Jefe de gabinete – Acaba de llegar. Tuvo un pequeño retraso en el bulevar periférico con su trineo, pero estará aquí en cualquier momento...

Policía 2 – ¿Ah, sí?

Jefe de gabinete – Bueno, vuelvo a la puerta para recibirlo...

Se va.

Policía 1 – Oh mierda... Entonces no maté a un ministro...

Policía 2 – Uf... Esto merece una celebración... (*Beben.*) Sí, pero entonces, ¿a quién mataste...?

Policía 1 – Cambiamos de disfraz en la oscuridad hace un rato para no llamar la atención, no vi su rostro...

Policía 2 – Y estábamos tan convencidos de que era él... Yo tampoco pensé en verificar...

Policía 1 – ¿Crees que es el verdadero Papá Noel?

Policía 2 – Lo sabremos de inmediato.

Salen y regresan arrastrando el cuerpo, que ya no lleva el disfraz de Papá Noel sino el del vagabundo.

Policía 2 – Oh mierda, es Garriga.

Policía 1 – Debió disfrazarse de Papá Noel para sorprendernos.

Policía 2 – Bueno, lo logró...

Policía 1 – Al mismo tiempo, era una gilipollas, nadie lo extrañará...

Policía 2 – ¿Qué tenía en su saco?

Policía 1 (*mirando dentro del saco*) – ¡Ostras!

Policía 2 – Ni siquiera sentimos remordimiento, de todos modos, odiamos las ostras...

Policía 1 – Ah, también hay una nota...

Policía 2 – Seguramente son sus buenos deseos para el año nuevo.

Policía 1 – Es el número de la placa de matrícula de su vecino. El que aún no ha comprado su alcoholímetro. También hay un retrato hablado del infractor.

Policía 2 – Déjame ver... (*Mira el retrato.*) Vaya, tenía un talento para dibujar...

Policía 1 – Un verdadero artista.

Policía 2 – Sí, pero de todos modos tendremos que deshacernos de él.

Levantan el cuerpo, sintiendo su peso.

Policía 1 – La ventaja es que cuando lo arrojemos al Sena, con el peso de las conchas de ostras, se hundirá en el fondo durante un tiempo...

Arrastran el cadáver. En una luz irreal, un Papá Noel aparece y les habla con una voz sobrenatural.

Papá Noel – ¿Así que mis hijos, se han portado bien este año?

Policía 1 – ¿Quién diablos es este ahora?

Fin

Febrero de 2024